AF234956

ELLOS

ELLOS

por

José Luis Morales

MAHALTA
P O E S Í A

© José Luis Morales Robledo

© Ilustración de portada: composición sobre dibujos de Julián Grau Santos
© Fotografía de solapa: José J. Galanes
© Fotografías interiores: archivo personal del autor
© Imagen de contraportada: Julián Grau Santos

© Añil desarrollo gráfico, S.L.
Mahalta ediciones es un sello editorial de Añil desarrollo gráfico, S.L.
www.anil.es
www.mahalta.es

Primera edición: febrero 2024

ISBN: 978-84-128188-1-9
Depósito Legal: CR 89-2024

Impreso en España
Diseño y maquetación: Añil desarrollo gráfico, S.L.
Impresión: Safekat, S.L.

Cualquier forma de explotación de esta obra, en especial su reproducción, distribución, comunicación pública o transformación, solo puede ser realizada con la autorización de sus titulares, salvo excepción prevista por la ley. Diríjase a CEDRO (Centro Español de Derechos Reprográficos) si necesita fotocopiar, escanear, distribuir o poner a disposición algún fragmento de esta obra. www.cedro.org | 91 702 19 70 / 93 272 04 45

Verán...
[Respuesta a preguntas no formuladas o nota a esta edición]

Ellos no es un libro normal, un libro al uso. Ni por su composición ni por su contenido. Es más bien un libro atípico, infrecuente, un libro de claro linaje, pero con escasos antecedentes en estos tiempos saturados de poemarios y desinformación.

Verán, *Ellos* es un libro hímnico, un libro de celebración, un libro cuajado de agradecimientos y homenajes —alguna espina les acompaña, naturalmente, como a todos los rosales—, un libro en el que florecen los cantos a la amistad y la admiración a mis maestros. *Ellos* son esos clásicos antiguos, modernos y contemporáneos —y alguno más que aún está por descubrir—, cuyos versos me fueron iluminando la noche del lenguaje, enseñándome primero a andar, con todos los titubeos y tropezones inherentes a tal aprendizaje y, más tarde, ayudándome a descubrir el camino, el mío, el que mis versos deberían seguir, pues sólo hay un sendero para cada poeta: una sola voz y una sola mirada. Además, me proporcionaron la brújula que me ha permitido orientarme siempre. Vivos o muertos, *Ellos* —que las incluye a *Ellas*, por supuesto— han sido mis maestros, una generosa multitud.

Han transcurrido algunos años entre la escritura del más antiguo de estos poemas (el que comencé a escribir en el cementerio de Pozuelo durante la inhumación del cadáver de Gerardo Diego) y la del más reciente, por eso es fácil observar diferencias de tono, estilo o intención al irlos leyendo. Verán, a todos nos afecta el transcurrir del tiempo, al poeta con doble motivo, pues la suya debe ser siempre una tarea indagatoria, de búsqueda —minería profunda en las entrañas de uno mismo— del mundo en el que vive y del lenguaje de su tiempo. Un poeta que no cambia es una estatua: sólo sirve para decorar los vericuetos de algún parque municipal mientras le tiñen de blanco las palomas.

Aunque esto no es tan grave en realidad. Verán: toda la poesía que lo es verdaderamente ha de ser bastarda. La mía lo es, y mucho. Estos poemas lo demuestran. No estudié Filología Hispánica ni Románica ni Clásica. No fui profesor de lengua ni de literatura. Soy poeta porque he leído a otros poetas, les he imitado, he querido emularlos y, poco a poco, fui aprendiendo *cuanto sé de mí* y una cierta manera de contarlo. *Ellos* fueron quienes me lo enseñaron y yo quien se lo agradezco. Mi poesía es tan mestiza, procede de tantos padres y de tantas madres, de tantas leches, de tantas aguas y de tantos vinos que un detenido análisis de su ADN sólo podría certificar que viene del castellano, de su corazón de tierra, cielo e historia, de su paisaje semántico, de sus músicas telúricas.

Verán, estos poemas están aquí porque he de agradecerles a *Ellos* no sólo su magisterio, sino su bonhomía y su generosidad. No conocí a los que ya estaban muertos cuando yo nací, claro, pero he tenido relación con la mayoría de los vivos. He tratado con intermitencia a muchos. He disfrutado de la entrañable y prolongada amistad de algunos. En su afecto y cordialidad me honro. Ni envidias, ni celos, ni maledicencias —a pesar de la vieja e injustificada fama de arpías que nos adorna a los poetas— han formado parte de la ecuación. He tenido esa suerte, dicen; también esa voluntad. En la mayor parte de los casos, cuando los conocí y traté, mi admiración no hizo sino crecer. Si alguno me decepcionó, más a mi torpeza en el acercamiento que a su lejanía u hosquedad pudo deberse.

No todos los poemas de este libro son inéditos. Verán, algunos fueron publicados en revistas o en volúmenes conmemorativos, a lo largo de las últimas décadas. Otros, en mis libros anteriores. Pero la mayoría se publican aquí por primera vez.

Aparecen ahora, juntos y en forma de libro, porque este constituye la parte central de la trilogía con la que quisiera cerrar mi obra. Se ha publicado ya *Los otros* (2021), que habla de la gente con la que he compartido la vida, el mundo y sus paisajes. Ahora se publica *Ellos*, poetas que han hecho de mí el que soy. El próximo libro en publicarse —que no ha de distanciarse temporalmente mucho de estos, si nada lo impide— se titulará *Él*, y sus versos indagan en el hombre que ha habido detrás del poeta que firma con mi nombre.

Hecho esto, no me vendría mal un tiempo en el silencio.

Y ya va siendo hora de despedirse. Es tarde y está prácticamente todo dicho. Vean...

J. L. M.
2024 y enero

Con pocos, pero doctos libros juntos

F. DE QUEVEDO

I

A

Ellos

Entre todos los libros que han encontrado un hueco
para vivir en casa, hay unos pocos
que releo a menudo, sin prisa, despertando
con cuidado la voz que duerme en sus palabras.

Con ellos he vivido.
Navegando con ellos ha encontrado
islas en alta mar mi corazón, perdidas
playas donde no hay nadie.
Gracias al *pas à deu* que es su lectura
burlé la soledad, y algunas veces
creo que fui feliz.
                    Por eso ahora
me atrevo a compartir la *soledad* de Antonio
Machado, al recordar
en estos secos *campos de castilla*
donde habito y escribo,
viejos *días azules* bajo el *sol de la infancia*.

Y, aunque ya no me riñe, busco a Eladio,
noble andamio de sueños, Cabañero,
—sarmiento, tren, bolliscas, ternura a la deriva—,
náufrago por las calles de este Madrid sin *una*
sola *señal de amor* ni un mal *recordatorio*.
Cómo te echo de menos,
terco vendimiador, cegato y mal casado,
que te quedaste muerto en mi mirada
a punto de cumplir setenta *anchuras*.

Y junto a Eladio y Blas
de Otero —padre
para mi voz civil— medita Carlos
silencioso, Sahagún, niño profeta,
buscador de tesoros en estantes
del Rastro o de la Cuesta
de Moyano, clamor y hombre cabal
convertido en silencio pensativo.

Tal vez no fue José Agustín, tal vez
fuesen Jaime o Leopoldo o Gloria, tal
vez alguno de tantos rafaeles
—Morales, padre Alberti, Montesinos—
como he querido, quien
me acompañó, orientándome
por un campo minado de metáforas
hasta encontrar la senda de un lenguaje
adecuado a mi voz, con patria y tiempo, fiel
a su origen: un yermo
de cenizas volcánicas y un río.

Desde aquellas miradas
sin más paisaje que el azul y el ocre,
me acompañan frailuises y manriques,
garcilasos y góngoras, migueles y Francisco,
ese dios del soneto y de Quevedo.

Y en estas compañías anda Luis
Rosales, el auténtico
perdedor, el poeta
que acabó convirtiendo sus versos en un río navegable,
tal vez para ayudar,
tal vez para ayudar a que la sangre,
tal vez para ayudar a que, por fin, la sangre
vertida, no en Granada, sino en España entera,
se perdiera en el mar
de la conciliación. Hermano
sin edad, a ti vengo,
a la hospitalidad sin puertas de tu *casa
encendida* me acojo,
y atrapado en la red de tu *almadraba,*
sé por qué la amistad tiene tus brazos.

Y entre Luis y León
Felipe —lobo
del desierto, *violín*
desafinado y *viejo*, pero tan necesario
ahora como entonces— canta un Ángel
más de la tierra que del mar, González,
en cuyo *áspero mundo* crecí, siendo *palabra
sobre palabra*, alzando
la voz junto a otras voces, casi siempre
sin esperanza, con convencimiento.

Muy cerca de la mesa,
desde estantes que alcanzo
con estirar el brazo, otros amigos
suelen hablarme cada noche: Claudio
Rodríguez, con un vaso
de luz y de *celebración*, *leyenda*
de ternura que aún
juguetea en el porche con mis hijos, y Pepe,
que sigue a solas dibujando, Hierro,
con pétalos de rosa, hojas de hiedra,
vino tinto y café, hasta que estampa
en la piel del mantel
su autorretrato.

Y aunque esta biblioteca es como un bosque
tropical, una selva
desordenada y turbia,
donde sólo unas manos curtidas son capaces
de orientarse, en un claro
sin maleza y sin árboles, arrimado a la orilla
de un arroyo sin nombre, vive su exilio Pedro
Salinas, la secuoya
solitaria, el torrente
de música que eleva
su armonía tan alto,
que sólo los pronombres y los ojos
insomnes de algún pájaro
saben con qué *voz* canta.

Todos los días llegan nuevos libros
de viejos conocidos o de amigos recientes
a mis estanterías. Yo los leo,
como he leído siempre, con un lápiz a mano
y la emoción alerta.

II
Con

UNOS OJOS AZULES

Que no todos los ojos
azules son el día
ni todas las sonrisas primavera,
lo aprenderéis llorando
antes de concluir la adolescencia...
                                        (Él,
jeune professeur aún,
se lo explicaba siempre a sus alumnos).

Hasta que aquel octubre,
mientras pasaba lista —primer día
de clase— se acercó
a preguntarle el nombre, y ella dijo
—con la voz temblorosa,
levantando la vista—:
                        Leonor,
y él se quedó atrapado
en el agua estancada de esos ojos.

Desde entonces no lee con sus alumnos
ni a Verlaine ni a Rimbaud; cuando concluye
la clase se limita
a escribir en mitad de la pizarra:
voy soñando caminos de la tarde...

A D. Antonio Machado,
caminando por los pinares de Vinuesa.

BODAS DE PLATA

... a golpes de silencio. Ven, te digo
como un muerto furioso. Ven. Conmigo
has de morir...
B. DE OTERO

Tranquilízate, Blas, sosiega un poco
ese espíritu tuyo arrebatado
y míranos ahora: ¿qué ha cambiado
en todos estos años? ¿Me equivoco

o hablar de España y paz es seguir loco,
y escribir castellano está multado,
y Dios, harto del cielo, ha desertado
y ya no quedan ángeles tampoco?

Esta es *la inmensa mayoría* ahora:
sin muro de Berlín ni guerra fría
no saben dónde ir. Vienen a verte

por si tu voz los guía hacia otra aurora
o les vuelve más libres todavía
en tus bodas de plata con la muerte.

Carta a Blas de Otero a los 25 años de su
muerte, para darle noticia de cómo están las
cosas en un lugar al que él llamaba patria.

Sabina y Blas

Ayer llamó Sabina —yo no estaba—,
que ha regresado Blas,
que ha vuelto entero y verdadero, Blas,
el de *Redoble*
de conciencia, el *Que trata*
sin vergüenza *de España,* el que discute
hablándole hasta a Dios *En castellano.*
                                        ¡Eh,
que ha vuelto Blas!
                    Oíd.
                            La voz que clama
en las plazas y bares de los pueblos,
no en la sala de estar de la Academia. Voz
que calla y fuma
o se levanta y fuma
o bisbisea y fuma
y escupe al cielo y fuma
—aunque tosa a granel—
y juega al *subastao* hasta perder la noche
mientras José Agustín va a por más whisky
y se pone a mear —Julia, no mires—
contra el poste sin luz de una farola
y tarda en regresar —quizás no vuelva—,
porque eligió salir por la ventana y Blas no duerme,
porque no duerme nunca, no concibe
descansar mientras siga habiendo muertos
de hambre, y otros cenen
solomillo de obrero
como si fuese *foie* —tal vez lo sea—.

Y, aunque no estaba yo, dejó el mensaje,
que ha vuelto Blas, a mi mujer, *que ha vuelto*
fiero y con más *Historias*
fingidas de verdad *o verdaderas*
como el dolor aquel de aquel Pessoa
poeta, que fingía
no ser sino unos cuantos,
para morir de cuatro o cinco muertes
diferentes,
en una sola angustia verdadera.

Que ha vuelto Blas, que trae
Poesía e historia desde Rusia
y canciones cubanas y armonías
de gentes de Beijíng, a los que amaba
como a la enfermedad de Dios que fue su vida.

Y al irse —mi mujer hace gimnasia
dos días por semana—, dejó un *post-it*
escueto: *Ha vuelto Blas; llamó Sabina.*
Y así supe también que aquellas *Hojas*
últimas *de Madrid* no lo serían
y que había que alzar *con La galerna*
el puño nuevamente y la palabra
contra el reino sin ley de los mercados.

(Ahora se dice así: ya no son mercaderes
porque no tienen rostro, pero compran
sangre y miseria ajena como siempre,
y especulan y venden, y especulan y prestan,
y especulan y embargan, y ríen y desahucian
sin saciarse jamás. Y no se sabe

quiénes son, porque borran
sus huellas y no tienen
ni nombre ni color,
sólo un *password* cifrado en las Islas Caimán,
la cara de alquiler y el corazón de piedra).

Y al llegar la llamé: *que ha vuelto Blas, que ha vuelto*;
no abandones, no dejes
de escribir, José Luis, *que la palabra*
puede volver a ser faro y consigna,
estruendo de verdad, camino al alma
de los otros, timón
de la mejor conciencia.

Que ha vuelto Blas,
que ha vuelto, repetía Sabina,
y con él la legión de sus adverbios
terminados en *mente,* y *mademoiselle*
Isabel, y su *Ancia* y su pronombre
hipertrofiado *yo* —que quiere decir patria—
y el sustantivo *paz* en carne viva.

Que ha vuelto Blas, —dice el mensaje
del contestador—,
que ha vuelto Blas,
que ha vuelto.

A Sabina de la Cruz, con quien tanto he querido, *que llamó*
el martes pasado para decirme que tenía prácticamente
preparadas las obras completas de Blas de Otero.

CLAUDIO Y MIS HIJOS

Aquella tarde
Claudio no bebía.

Era otra vez un niño ensimismado
queriendo seducir cada palabra
con la que aún pugnaba
en un sillón de mi jardín
—tantos años después, tanta Academia
después, tanto verdejo
después...—, buscando sólo
trasladar el misterio de aquella luz de junio
a su libreta.
            Pero, poco antes de las seis,
llegaron ellos. Claudio
siempre jugueteaba con mis hijos
al fútbol de salón, regateando
maceteros, alfombras, sillas, mesas,
mientras iba avanzando hacia el jardín,
hasta caer al césped entre risas
—*¡Vaya golazo, Juan!*— tan agotado
como feliz...
            Decía
que aquella tarde Claudio era otra vez
el doncel de los campos junto al Duero,
lector que no tropieza, soñador que camina
mientras va confiando a la memoria
metáforas de asombro,
claridad y conjuros...

Pero ellos —son niños, los adora—
le atraen mucho más que la libreta
en la que anota, a veces, tres palabras.

Juan le ha dado la mano —cumple diez
años, *Ya eres mayor, ¿no tienes novia?*—,
Luis, con tres, le acomete —de paso a la piscina—
por la espalda, escalándole, y le besa.
Aunque luego le llame *el hombre malo*,
cuando Claudio le quite
de los pies el balón, le dé tres pases
y además lo toree,
sin dejarse embestir, con su toalla...

Sin embargo,
aquella tarde Claudio era poeta.
Mas nunca fue metódico. Escribía
sobre cualquier papel, a fogonazos
impredecibles, sordo
mientras duraba el éxtasis... Y aquella
tarde pidió una pluma y no la copa
de brandy que solía,
y tumbado en la hamaca
del jardín esbozó —cuatro brochazos—
algo que tal vez pudo
ser el poema doce de *Aventura*,
si mis hijos no hubiesen
sacado la pelota...

Aún conservo la página arrancada
de su libreta, donde
esbozó estos tres trazos para versos
que no concluyó nunca:

Vengo a cavar (sembrar)
a desatar, (borroso) *a reunir*
la luz descalza
            Aquella
tarde Claudio Rodríguez no bebía.
Pero se puso niño
y olvidó terminar ese poema.

A ese doncel zamorano, juguetón y tierno,
al que todos llamábamos Claudio.

LUGAR DONDE ENCONTRARTE

Sopla el viento del norte. Caen gotas
como balas de olvido y de tristeza
sobre una tumba donde apenas reza
tu nombre entre dos fechas. Nieva. Brotas

como si fuese abril desde remotas
palabras que pronuncio con torpeza,
y, aunque el viento es glacial, la nieve empieza
a volverse *gerarda*, y tú lo notas.

Y alondra una vez más surcas el cielo
más alto aún que ayer. Gerardamente
callas, miras, comprendes, este suelo

blanco de nieve y de estupor no miente:
no duermes frente al mar, esto es Pozuelo,
Gerardo, de Alarcón, y yo su gente.

Para Gerardo Diego, maestro que se ha
convertido en vecino tras su muerte.

Ecos de Góngora

Espartero del ritmo, tejedor de metáforas,
traductor de silencios, orfebre, zahorí,
chamán entre relámpagos o pastor de altocúmulos:
el poeta no sabe más que oficios inútiles,
extinguidos o a punto
de volverse palabra, pues de todos
los oficios que languidecen queda
—como un cadáver tímido y liviano—
de su música el ritmo,
su nombre y cuanto evoca.
Es decir: *humo, polvo, sombra, nada.*

A D. Luis de Góngora y Argote, la brillantez.

CARTA URGENTE POR SI NO NOS VOLVEMOS A LEER

> *... para mí ya no quedas sino como la forma
> de una cama que vuela por el mundo.*
> G. ROJAS

Con 19 añitos Rojas
embridó el castellano Gonzalo por los cuernos
y se arrancó a contar una verdad tras otra
de la vida del sexo del amor con violencia
o con ternura y miedo como el cuerpo desnudo
de la mujer que quiso

y después se fue al aire a volar por las olas
del pensamiento y sólo
bajaba a tierra para amar de nuevo
y volverse a la noche
de las constelaciones léxicas y al misterioso mar
de las cuatro galaxias solidarias

luego murió muy viejo
pero siguió volando

Para Gonzalo Rojas, ese otro titán chileno de la libertad.

La terna

Se acaba de tirar por la ventana,
quizás porque la vida lo ha empujado
—como un aullido, Julia, mal aullado—
y no quiso empezar otra semana.

Era un pobre poeta tarambana,
un hombre solo, un niño acobardado:
nació, bebió, murió como un fugado
que no acepta pararse en la aduana.

Nos saludó al entrar, mientras Otero
hablaba ya sin voz de su *galerna*.
Brindamos por Gabriel con vino obrero

y pagamos a escote. Aquella terna
no se volvió a reunir. Era febrero.
Tenían ya los dos el alma enferma.

*Para José Agustín Goytisolo, gracias
por aquella única tarde.*

Instantánea de un jurado

En la fotografía del jurado
el primero a la izquierda es Rafael
Montesinos, sin pipa. Junto a él
su homónimo Morales, y sentado

José García Nieto, inmaculado
su traje gris de presidente, fiel
a la doble etiqueta del clavel
y la espada, con Claudio al otro lado.

Detrás Eladio, el alto, Cabañero
y su amigo Sahagún, Carlos, cogidos
del brazo de aquel Hierro cada día

más calvo, más brillante, más acero.
Ayer siete inmortales reunidos;
hoy siete voces en la lejanía.

A José García Nieto, que ejercía siempre
como presidente del jurado (Premios Gerardo
Diego. Pozuelo de Alarcón, años 90).

La alegría de José Hierro

I

José Hierro Real, miraba
el mar desde su celda. Triste
por no sentir sobre su piel
la brisa. Y a la vez alegre
porque el mar sí era libre, y tarde
o temprano le acogería.

Cuando llegó la libertad,
el mar seguía allí y el agua
se abrió de piernas para aquel
muchacho aún. Aunque la *tierra*
siguiera *sin nosotros,* ni
contuviese *alegría* o *quinta*
vencida *del 42,*
él departía *con las piedras,*
con el viento del compromiso.

Y así encontró la libertad,
sorteando los arrecifes
tanto en sus hondos *reportajes*
como en sus *alucinaciones.*
Palabras musicales todas,
todas palabras verdaderas.

En sus poemas aprendí
a oír la lengua y *cuanto sé*
de mí como poeta. Ayer,
cuando lo conocí, cantaba

de 9 en 9 su canción,
mientras apuntaba en su *agenda*
ideas para aquel *cuaderno
de* sus viajes a *Nueva York.*

Le he querido en silencio. Fue,
con Blas de Otero, mi maestro.

y II

Cuando aprendió a ver la alegría
en la lluvia, se sintió niño.
Cuando la vio en los labios frescos
de las adolescentes, joven.
Después pasaron muchos años
sin que volviera a verla. Un día
la encontró, por fin, en Nayagua:
en Paula, en Tacha y en Manolo,
y en el ciprés casamentero
y en los amigos bebedores
y en la familia que jamás
hablaba de fibromas ni
de otras tristes solemnidades.

Algún tiempo después la vio
saliendo de su pasaporte
en cada viaje, en cada puerto,
en cada estancia en Nueva York,

aunque esta alegría tuviera
los ojos rojos del ocaso
y hondas arrugas en el rostro.
Un 21 de diciembre,
pasadas las dos de la tarde,
se echó para siempre en sus brazos

Para Pepe, después de haberse marchado.

ESPEJISMO CERVANTINO

Por la manchega llanura
se vuelve a ver la figura...
L. FELIPE

Qué gran caballero era,
jineteando la noche,
don Quixote en un caballo
de madera.

Y qué soberbio escudero
un Sancho que gobernó
como Salomón su reino
marinero.

Barataria y Clavileño
más que escarnio fueron guía
de noble comportamiento
para quien cambió su vida
por su sueño.

Y, acaso, tan derrotado
de las playas de Barcino
no volviera el caballero,
pues quiso guardar ganados
y penas de amor y olvido,
con el más fiel escudero
conocido.

Si yo supiera, León
Felipe, dónde encontraros

a los tres, por qué vereda
de alucinada ilusión
trashumáis, también me hiciera,
de sueños o de ganados,
junto a vosotros, pastor.

A León Felipe y a D. Miguel de Cervantes,
dos quijotes de carne y hueso.

Nana de la madrugada

No despiertes al niño,
gallo del alba,
canta cuando él sonría
ya de mañana.

No despiertes al niño,
aurora blanca,
dile al sol que se pare,
haz que no salga,
que el niño se ha dormido
de madrugada.

Sigue, luna, en el cielo,
sigue clavada
en mitad de la noche
como una llaga,
que mi niño está enfermo
y ahora descansa.

No despiertes al niño,
deja que sueñe,
mientras canta bajito
y tiernamente
la Virgen esta nana
de madrugada.

A Lope de Vega, que tantas y tan dulces compuso.

La ecuación de la muerte

El amor vuelve a darnos su desmoronamiento.
L. Rosales

Así ocurrió. A la misma
hora que tú te fuiste, Luis renunció a quedarse
y le entregó al espejo su última metáfora: esa luz *ayerida*
que le habitó los ojos.
Después, se hizo la sombra
—*¡Buenas noches, don Luis!*— y se cerró otra puerta.

Tal vez, mientras escribo
para darte noticia de esta muerte, *La carta
entera* se me incendie
como una papeleta de desahucio entre las manos frías,
y oiga *el silencio universal del miedo*
gritando: ¡la palabra
del alma es la memoria!
Pero una luz se extingue detrás de una ventana
y en Vallehermoso 26 la noche
—que nunca pudo entrar—
ha venido a quedarse.

(Tú te fuiste una tarde sin saberlo siquiera,
voy a dar un paseo por el parque,
y fue tu transeúnte quien no volvió, tu sombra
quien se perdió en las lindes violetas del crepúsculo,
pero tu nombre propio se substanció hasta hacerse
vocablo encarnecido, impronunciable y mío,
porque nadie le dijo quién eras a la muerte,
ni yo le di tus señas a los sepultureros).

Pero a Luis, que quisiera haberse ido descalzo
como un árbol miope o un punto suspensivo,
a Luis lo han inhumado las cámaras forenses
de los telediarios, y ha vendido ejemplares
su muerte en los periódicos.

Después la mano viuda de una María ausente
le bautizó con tierra
y alguien que no lloraba dejó caer sus flores.
Y el resto, allí, parados
como si un hombre muerto contase los segundos
que tardan sus amigos en volverle la espalda,
dar un pésame corto y abrirle las esclusas al olvido.
Nunca he visto una espera más minuciosamente intransitiva.

Tú, que siempre supiste cómo callar, tradúceme
la exactitud amarga de estos versos:
*como un golpe de mar que se ha quedado
inmóvil para siempre*, e inclúyeme entre líneas
una oración pasiva
donde el predicativo sea ciego y el sujeto los ojos
de Luis para orientarlo,
mientras asciende a tientas
al alto mirador de Cercedilla, o envía el corazón
de vuelta a su *almadraba*.

Aunque tú le dijeras, llenando con tu voz aquellos huecos
en los que Luis se ahogaba, que *es inútil morirse
si hemos plantado un verbo, pues de su germen brotan*

palabras como árboles, Luis ha roto el tintero
y se ha marchado solo
—dócil, amable y solo;
mudo, desnudo y solo—
a esa región sin vértigos que hay detrás del lenguaje
de la desposesión.

Y ahora ya estamos juntos, ayeridos y ciegos,
juntos como un camino que arranca de finales
de este octubre lluvioso y ha de helarnos la risa y la memoria
a los tres, como entonces.

Cuando el amor se acaba
aún tienes que escoger entre una forma y otra
de quedarte sin nada,
pero ocurrió contigo como con él, que os fuisteis
antes que la memoria comenzase
a poblarse de arañas y baúles,
y aquí me habéis dejado, triste aprendiz de huérfano,
como un niño de pueblo que no sabe las tablas
y multiplica dos por uno, y le da impar,
e ignora que ha resuelto
la ecuación de la muerte.

Para Luis Rosales y María Fouz. Y para Carmen del Olmo,
a quien casi pierdo también aquel aciago mes de octubre.

Canción del olivo poeta

Qué rápida fue tu vida,
pastor poeta;
y qué puntual la muerte,
su mano negra.

Sin embargo, qué brillante
relampaguea
tu voz en la noche oscura
de mi conciencia.
Y cómo retumba el trueno
de tus poemas.

Cien años..., qué son cien años
para un olivo poeta,
si cada invierno es más virgen
el aceite de tu lengua,
más ungüento tu palabra
y tu voz más sementera.

Qué cortas tus treinta auroras,
árbol poeta;
y, sin embargo, qué largos
los incontables ocasos
de tu ausencia.

Ayer cumpliste cien años
como el que no se da cuenta.

Cien años…, qué son cien años
para un olivo poeta.

Mil años van a hacer falta
para recoger entera
la cosecha de una sola
vida tan plena.

A Miguel Hernández, sobran explicaciones.

El juego de las permutaciones

Un poeta no es siempre lo que escribe.

Lo que escribe un poeta es siempre lo que lee.

Un poeta que lee siempre escribe.

Un poeta que escribe ¿siempre lee?

Un poeta no siempre es lo que lee.

El que lee y escribe ¿ya es poeta?

Lo que escribe un poeta no siempre se lo leen.

A veces los que leen son poetas
y otras veces tan sólo se lo creen.

Hay poetas a los que nadie lee
y poetas que ya casi no leen.

El que escribe y no lee,
si tampoco lo leen
¿de qué se queja?

Para Nicanor Parra, mi primer desasosiego.

Hija del mar

Cuerpo de mujer, blancas colinas, muslos blancos...
P. Neruda

Todo en tu amor deslumbra como una luna llena
que, al mirarse en el agua, hasta el vaivén detiene,
porque si tú te vas, se va la luz y viene
la sombra con las olas y me inunda la pena.

Todo lo que en tu piel es bronce, ayer fue arena,
rocas que el tiempo ha roto y la playa retiene
para que yo haga un pozo de amor y el mar lo llene
con el agua que guarda tu risa y mi condena.

Todo en tu amor parece de sal, de sol, de espuma:
tu voz, tu piel, tus ojos, tus caricias marinas,
y tus pechos que bailan al ritmo de las olas.

Todo en ti es yodo puro, salitre que perfuma
tus cabellos, tus hombros, tus manos cristalinas.
Eres hija del mar, como las caracolas.

*Para Pablo Neruda, con Blanca Azcárate
en La casa de las flores.*

Retrato de un caballero
de la orden de Santiago
[Sobre una lámina de Ángel Aragonés]

Un Quevedo me manda hacer Getafe
y lo cierto es que no tengo ni idea
de cómo he de afrontar esta tarea
para que no se note que soy gafe.

Así que me he subido a este aljarafe
buscando a un ser miope que cojea,
tiene un ojo en la luna y alardea
de no eludir jamás un rifirrafe.

Gasta pelo-palabra en la cabeza
y pelo trujamán en el bigote,
y una cruz de Santiago —y de nobleza—

en la mitad del pecho. Galeote
de la barca más lúdica de Erato,
este soneto tuerto es su retrato.

A D. Francisco de Quevedo, en cuyos
versos me pierdo una y otra vez.

ENTRE EL AGUA Y LA SAL
[Cantables]

I

De San Fernando hasta El Puerto
la sal, que nace del agua,
el sol, que nace del cielo.

II
Memorias de aquel paisaje:
la ceguera de la sal
y el rojo de los estanques.

III
Salinas, huertas sembradas
de mar: cristales de trigo
y montañas de cebada.

Y IV
La tierra quemada: cal.
La tierra con agua: sol.
El agua quemada: sal.

A Rafael Alberti, de quien sólo tuvo
un pobre río casi siempre seco.

Oscuro desamparo

He vuelto a abrir los libros de los estantes altos,
los libros que leía mi corazón inquieto,
y han vuelto a mi memoria *el toro, el esqueleto,*
los cubos de basura y *el sol de los asfaltos.*

Tus poemas de entonces, tus airados asaltos
a aquel silencio cómplice de un mundo analfabeto
—donde escribir *jamás* era imprimir *prometo*—
tejieron en mi infancia tardes de sobresaltos.

Tus palabras de entonces —apenas yo nacía—
eran *zapatos rotos, barrenderos, portales,*
y yo, niño, leía, y un maestro de escuela

feroz, si me veía, me gritaba: ¡*Morales,*
cierre usted ese libro, y atiéndame! Decía...
Pero un burro no corre por temor a una espuela.

Para Rafael Morales, que me adoptó como sobrino
—jocosa costumbre de ciertos poetas mayores—,
muchos años y muchos versos después de lo que se cuenta.
Sobre el título de un poema suyo leído a escondidas.

EL POEMA

A veces viene así
—silenciosa la casa todavía,
tibia la cama,
a medio izar los párpados—,
cabalgando en la grupa de la aurora;
se mete en el oído
por la puerta entreabierta
del bostezo —la mano
y la conciencia muy a duras penas
utilizables—, llama
con timidez, ya yéndose...

Así
aparece el poema.

Hazle pasar.

Para Vicente Aleixandre, en su
chaise longue *de Velintonia.*

III
Contra

Retórica elemental

No es cuestión que te enseñe, Federico,
cómo se hace un soneto, a estas alturas,
si lo más que tú sabes, si me apuras,
es que se trata de docena y pico

de versos, no rebuznos de borrico.
Puede tener metáforas, figuras
retóricas, o hilar sin ataduras
sus palabras. Atiende y te lo explico.

Tres actos —como en Lope las comedias—
planteamiento, nudo y desenlace.
A ser posible, en el primer cuarteto

metes el planteamiento, luego asedias
el nudo en el siguiente y un terceto;
y rematas en otro. Así se hace.

*A Federico Jiménez Losantos, que quiso ser poeta en
su juventud y antes de aprender ya daba lecciones.*

Dejar al castellano descansar

La palabra *silencio* se ha gastado.
La palabra *experiencia* tanto o más.

Antes cayeron otras
y seguirán cayendo: tertulianos,
políticos de brega o publicistas
son unos manirrotos. No se saben
administrar.

En tiempos de abundancia
devoran sustantivos suculentos,
les vacían el alma, los arrastran
por las antologías —o las televisiones—
hasta despellejarlos.

En tiempos de escasez
acuden a abrevar en adjetivos
de párvulo caudal, ungüento apenas
sanador.
              Lo volátil
de su imaginación traza perífrasis,
paráfrasis o hipálages sin luz
ni precisión, quedando en evidencia.

(El lenguaje inclusivo es un tumor
que está haciendo metástasis...)

Habría que volver a las palabras
que nombran,
                    que resuenan,
                              que bautizan
cada cosa que tocan, cada idea.

Volver a las palabras y a su música.
Respetar el silencio.

Dejar al castellano descansar.

Para tanto falso poeta, político y periodista como
esquilma el solar de nuestro idioma sin ser conscientes
de lo ridículo de su discurso, ni del daño que hacen.

Bardos del siglo XXI

El error es mirar lo de ayer con ojos de hoy.
MARWAN

No voy a decirte lo que todo el mundo sabe.
E. SASTRE

Corrígeme si acierto.
AJO

Los bardos de este siglo
no nacimos sabiendo la canción.
Hubo que improvisar. Se oían tantas
voces —y tantos ecos—, tanto ruido,
que de poco servían las escuelas.
(Tal vez pensó Marwan).

Somos hijos directos del suicidio
romántico o del símbolo,
nietos del surrealismo que naufragó en la imagen
y en el silencio, huérfanos
del ritmo, tras la brusca
posmodernización de las vanguardias.
(Pudo, quizás, creer Elvira Sastre).

En consecuencia, habrá que comenzar
con cantos a capella
o recurrir de nuevo a los tambores.
Está claro. No es tiempo
de jugar otra vez con la metáfora.
(Resumiría entonces Carlos Salem).

Tampoco es tiempo de buscar
una palabra virgen que no existe,
ni de enturbiar las aguas
del lenguaje.
(Matizaría Sesma).

En todo caso es tiempo de escribir
con toda claridad,
tiempo de hablar sin trampas
o callarse.
(Puede, por fin, que concluyese Ajo).

Entonces, todos los jóvenes *de la tierra*
le rodearon; les vio el cadáver (de la poesía)
triste, emocionado; incorporose lentamente,
abrazó al primer bardo; echose a andar...
(dije yo parafraseando a César).

A todos ellos.

INTERTEXTUALIDADES (CASI) FRAUDULENTAS

[Quevedo]
Contaron que antiguamente
se fue la verdad al cielo...
Se la llevaron los curas
para disfrazarla luego
de misterios y ultratumba
y revendérsela al pueblo
como indulgencias y bulas.
No culpéis a los ateos.

[Machado]
No mi verdad, la verdad;
si es que la puede encontrar
en este mundo cruel
un hombre de buena fe
que nunca supo rezar.

[Cabral]
Pobrecito mi patrón,
piensa que el pobre soy yo...
¡y no le falta razón!

[Dylan]
Si
the answer, my friend,
is blowing in the wind
y el aire está como está,
se podría concluir

que más vale no enterarse
de nada. No preguntar.

[Larralde]
Nadie salió a despedirme
cuando me fui de la infancia...
Viví solo,
jugué solo,
crecí solo
junto a un río de La Mancha.
(A veces al paraíso
de Milton le sobra un poco
de ternura imaginaria).

A tantos aspirantes a poeta como,
conscientes o no, viven de ocultarlas.

Accidente en la autovía del Parnaso

(Carril derecho)

No te engañes, poeta, sé sensato:
que pregonen tu nombre,
que te saluden manos, voces, rostros
que no conoces, que
te ciñan a la frente
coronas de laurel de vez en cuando,
no significa que te lean, sino
que a reseñas de prensa provincianas,
tristes antologías
y similares pistos o escabeches
—como el árbol de Dafne—
te has vuelto candidato.

(Carril izquierdo)

Sin embargo, persistes, sueñas, eres
sincero partidario de un futuro
en el que no has de estar, aunque te llamen
desde la retaguardia de los ciclos
sobre poetas muertos,
tan abundantemente innecesarios.

(El accidente)

A por otro laurel ibas. Cansado
de tanto conducir, te venció el sueño…

—Estaba tieso ya —dijo un testigo—
antes de que llegaran
las ambulancias.
                    —¿Pero
cuánto tiempo el occiso lleva muerto?
—quiso saber el juez.

—No es fácil calcular, viendo el cadáver
—especuló el forense—: minutos, horas, años…

A un poeta mercantil, ganador de innumerables
Juegos Florales, o a mí mismo.

LOS IMPRESCINDIBLES

¿Prometer recordarte y que el olvido
aceche ya desde el primer cuarteto?
¿Exagerar tu falta y, en secreto,
confesar que no es tanto lo perdido?

Pues nadie ha vuelto de donde tú has ido,
a qué viene fingir tanto respeto
ni tanta devoción por un sujeto
que presumió de música y fue ruido.

No soy yo tan hipócrita que llore
la efímera orfandad en que nos deja
tu muerte a los poetas invisibles.

Otro vendrá que tu sitial implore
y otro que ría lo que en ti era queja.
¡Salud a todos los imprescindibles!

*Tras el sepelio de un poeta y crítico de
medio pelo que se tenía a sí mismo por
imprescindible, casi hermano de Garcilaso.*

DOS SONETOS PARA UNA FUNCIÓN DE TEATRO FEMINISTA
[Leve paráfrasis de un soneto de Lope]

Cuando comienza: *Desmayarse, atreverse,
estar furioso...*

I

Desmayarse es caer. Estar furiosa
lógica consecuencia. Y seguir viva
condición necesaria y preceptiva,
pues mal puede escribir quien ya reposa

tras la blanca cuartilla de la fosa.
¿Leal a ese traidor o fugitiva?
Mejor es lo segundo, que cautiva
de sus besos he estado y no es gran cosa.

En fin, señor Don Lope, su soneto
promete más que da, qué decepción;
lo mismo que el tamaño —asaz escueto—

del célebre instrumento del varón,
que, aunque se ponga bruto, vuelve a neto
un segundo después de su efusión.

Cuando concluye: ... *esto es amor, quien lo probó lo sabe.*

II

¿Fingir que tú también estás gozando
mientras él mueve el culo y da por hecho
que el suspiro que sale de tu pecho
es de placer y no de contrabando?

¿Seguir fingiendo que te gusta, cuando
jadea como un búfalo maltrecho
sin acordarse que en el mismo lecho
hay alguien que, tal vez, esté esperando...?

¿Dejar que beba fútbol o atletismo
aunque tenga resaca, gane o pierda?
Total, borracho o sobrio, da lo mismo,

un polvo semanal es una mierda.
Así que no te inquiete que se acabe:
esto es amor; quien se casó lo sabe.

Contra José Alcalá-Zamora, sonetista pornográfico.

Sepelio de un poeta singular
—escarnio de versolaris meapilas—
al que asistí con respeto

¿Cuánto mide el presente? ¿Qué tamaño
tiene, al morir, un martes? ¿Veinte metros
son demasiada ausencia o es más alto
el verbo —reflexivo, tozudo— suicidarse
que dejarse morir de hipocondría?

Tal vez nunca encontremos
la respuesta a cuestiones como cuánto
pesa la muerte o dónde
se meterá después de cada entierro,
aunque sea evidente que se marcha
antes de que terminen con la fosa
las manos rapidísimas
de los sepultureros.

Pero hay que darles tierra a los amigos
que se asustan del fuego. Hay que dejarlos
en brazos de la madre y su costumbre
de proteger cadáveres.

Mejor no llevar nada, ni un espejo
donde se mire el muerto, ni colonia
para el hedor, ni sábanas
como si hubiese que salvar del frío
unos pies que ya están
descalzos para siempre.

Mejor ir de vacío
y que no venga nadie
con lágrimas detrás, rimando quejas
ni leyendo los versos más logrados
de la voz que se pierde.

Es mucho más cabal guardar silencio
—no inventar, no elogiar, no presumir
de intimidades falsas—, ser decentes:
bajar el ataúd, poner la losa
y que se pudra en paz.

A Juan Pérez Creus, poeta hiperbólico y satírico
que llamaba cerro al Everest, para no exagerar.

IV
Hasta

El habla de La Mancha

Los hombres llevan tiempo
sentados a la sombra del hastial.
Han echado un cigarro, dos cigarros,
una petaca entera y allí siguen.
Hablan siempre de ayer. No les preocupa
lo que ocurra mañana, ellos no tienen.
Su presente es hablar
de ayer. Y como ayer.

Siempre dicen lo mismo, con los mismos
gestos, las mismas pausas y las mismas
interjecciones. Nunca
cambian la entonación de unas palabras
que parecen talladas en pedernal de trillo.

Son palabras corrientes
y molientes, palabras
rotundas como cántaros,
donde cabe una infancia con todos sus pucheros
y sus juguetes rotos.
No son grandes vocablos ni flores de elocuencia,
pero son sustanciosos, persuasivos, preñados
de memoria, aunque suenen
a estertor de desvanes.

Son palabras cosidas a la boca
como sacos de pita o arpillera,
palabras como pleitas o serijos
donde poder sentarse

frente a las anchas lumbres de sarmientos
y contarse otra vez lo mismo que el invierno
pasado, *y que no nieva*.

Son palabras manchadas como manos
que han cavado la tierra, sudadas como axilas
de jornalero, oscuras
como palas que acaban de verter el estiércol
del que saldrán mañana
tomates, berenjenas.

Estas palabras hoscas no son para papeles:
andan sueltas por todos los caminos,
rellenan las tinajas, anegan las acequias,
son casi tan corpóreas como lanchas de bombo,
fibrosas como juncos, rústicas como esparto.
Pertenecen a un tiempo y a unos hombres antiguos,
y, más que su memoria, han sido su mortaja.

Pero el poeta escucha.
El poeta ha venido para aprender.
Y esta tierra de polvo y de volcanes,
de escasas sombras y de fuentes agrias,
de tapias socavadas y norias en desahucio,
no puede permitirse
que también se dirijan al olvido
sus mejores palabras.

*A Ángel Crespo, pariente lejano, aunque
nunca ejerciera de manchego.*

ACUSE DE RECIBO

Acabo de leer estos *son(i)etos*
que dedicas a Pablo —ese hechicero
que te tiene el cerebro hecho un jilguero—
y a fe que son jabugos y están prietos.

Ya sé que tú no escalas los anetos
que tu nieto en mochila —¡montañero
más cómodo, jamás!— conquista, pero
a cambio son más teides tus tercetos.

Antes que nazca Macarena, huye,
ponte a salvo, haz trincheras, Angelito,
que la *liaison* de un nieto y una nieta

es mucho batallón, todo lo engulle;
y aunque no estés mayor para poeta
lo estás para jugar a ser chorlito.

Para Ángel García López, Marqués de la Simpatía,
Duque de la Ternura, y viejo compadre de
vinos y de versos, que está algo babosillo con
Pablo, su primer nieto, —como lo estuvo en su
momento con Arantxa—, y está esperando que
le acabe de embobar Macarena, la segunda.

El reloj del amor

Prendida de tu ausencia mi mirada,
contra todo me doy, ciego me hiero.
A. GONZÁLEZ

El reloj del amor es el presente.
No distingue tus noches de mis días,
ni las horas calientes de las frías
madrugadas. No duerme. Es impaciente.

Qué placer sorprenderte, de repente,
vuelto el rostro hacia mí, mientras dormías.
Y qué largo un segundo si salías
y qué corto si entrabas sonriente.

Tal vez la eternidad no es otra cosa
que el amor detenido en un segundo,
mientras contempla el rostro de su diosa.

Tal vez el tiempo tenga un yo profundo
capaz de detenerse ante un rosa.
(Suena el despertador). *¡Áspero mundo!*

A Ángel González, mientras habla del
amor con Jesús García Sánchez.

Tus palabras

I

Hay palabras que nacen para nada,
que van y vienen del papel al viento
y del viento al papel, y su lamento
se pierde en una calle abandonada.

Y palabras que son una mirada,
palabras que iluminan el aliento
al leerlas, palabras alimento,
huella en el agua donde no hay pisada.

Cuando se escribe así, cuando se nombra
cada emoción con la palabra justa,
el poema se vuelve transparencia.

Sobre tu voz jamás se hará la sombra.
La muerte ni la alcanza ni la asusta:
muda tu boca, cantará tu ausencia.

y II

Poeta también es el que comprende
que ha llegado al silencio y no pelea
con la vida. Lo asume. Lo asimila.

Baja la voz. Busca un lugar discreto
donde aparcar la pluma y deja espacio
—con elegancia, como hiciste tú—
para que canten otros.

Para Carlos Sahagún, de quien tanto aprendí.

REGRESAR A LA IGNORANCIA

El amor y el placer, dosificados;
tasadas la pasión y la aventura,
a crédito el descanso y la ternura,
la voz y el corazón, hipotecados.

Todo bajo control: fiscalizados
por un Dios que nos cobra con usura
un viaje tan corto, mientras jura
que tiempo y libertad son regalados.

Lo cuentas sin rencor, tal fue tu vida:
solitaria niñez, austera infancia,
juventud estudiosa envanecida

por logros que han perdido su importancia...
Y hoy ves que tu memoria se suicida
y que vas regresando a la ignorancia.

Para Carlos Bousoño, querido y
viejo amigo con alzhéimer.

Valparaíso-Majadahonda
con escalas

Las manos se enlazaban dulcemente
y en los ojos brillaban casi lágrimas.
C. Zardoya

Donde noviembre trae la primavera
y el sur es Sur total, nació tu vida,
tan lejos de una España embrutecida
que, siendo suya, te creyó extranjera.

Mas volviste a destiempo: una trinchera
vomitó aquella ráfaga perdida
y mató a quien amabas. Aturdida
desnavegaste el mar, ya sin bandera.

América otra vez: pedir permiso
para enseñar, para escribir... Y, a solas,
ver cómo el tiempo del amor se pasa.

Y esa voz que nació en Valparaíso
y explicó en Illinois, montó en las olas
y regresó cantando hasta su casa.

En recuerdo de Concha Zardoya, de su casa
majariega, y de su dulce amistad y magisterio.

Las cumbres de la Historia
[El tren del progreso]

En el largo horizonte de La Mancha,
a su hora cabal sonó el silbato
de la oscura y veloz locomotora,
y empezó el genocidio de las mulas
—tú lo dijiste, Eladio—
y el fin de los almuerzos con navaja.

Veníamos de un tiempo gobernado
por el vaivén del orto y sus trescientos
sesenta y cinco pasos. Pero aquella
generación de chozos y campanas
era un fin de trayecto.
El futuro traía otros billetes
—ida y vuelta, de pie— y un tren oculto
bajo el suelo, sin sol, con los vagones
arteramente iguales para todos
—como pronto observaron, ofendidos,
muy dignos funcionarios y altas damas
de cutis nacarado— y sin ninguna clase.

Fue la consagración de los relojes.

El futuro era rápido y hablaba
un inglés masticado, tan difícil
de entender como el trueno
metálico del turno y las sirenas:
*entrar, sudar, salir; pase el siguiente
pelotón,* non-stop, *sólo son ocho
horas. Mañana igual.*

Que cada día
tenga una luz distinta poco importa.
Lo que cuenta es que siga la cadena,
que no pare jamás, que avance el tajo:
producir, transportar, vender, volver
a producir, romper, producir más...
El año no es un círculo perfecto,
los ceros negros de sus cuentas, sí.

Consumo es bienestar,
afirman los que tocan la sirena:
emoción, diversión, satisfacción,
el sexo, como el IVA, está incluido.
—Sí señor, es la azul; la otra pastilla
es para la ansiedad, no se equivoque.

Cada vez más veloz, el tren avanza
por raíles hipnóticos: no frena,
no se detiene nunca,
                            más aprisa,
aún más,
            aún más,
                        aún más...,
el tiempo es oro, lo ha dicho Wall Street,
y acelera otra vez. Nadie se apea.

Consumo es bienestar, lo sabe cualquier einstein
del sentido común, *gasta y disfruta,*
que la vida se va
como agua en una cesta.

Viaja al paraíso, no es difícil,
basta aplicar a tu trabajo el molde
de la ecuación del éxito:
*más productividad, más productividad,
más productividad;*
y no mirar atrás.

             Dudar, lo justo...

Veníamos de un tiempo primitivo,
sometido a mudanzas, a estaciones
—vientos, lluvias, sequías—,
a oleajes y ritmos y vaivenes
casi siempre sencillos e inexactos.
Mas el futuro estaba decidido
a remediar con orden su anarquía
y conquistar las cumbres de la historia:
las llamaron *estado* y *bienestar.*

Pero, viendo este tren,
no lo parecen.

*A la memoria de Eladio Cabañero que, además
de su amistad, me regaló ese verso.*

REQUIEBROS

I

Anoche no me llamaste,
ni yo te llamé tampoco:
a ver quién se rinde antes.

II

En las contiendas de amor
que uno ceda, es importante;
si ceden los dos, mejor.

III

Herida que no se cura
es la raja de tu boca
que no cicatriza nunca.

IV

Para decir que te quiero
tres versos no necesito,
me basta con el primero.

V

Aunque la pasión me ciegue,
si no me corta las manos,
las usaré para verte.

VI

Ayer me perdí en tus ojos
y de pronto los cerraste:
hoy no trabajo tampoco.

VII

No me vengas con excusas:
me quieres o no me quieres,
¿qué tiene que ver la luna?

VIII

La culpa no fue de nadie:
el viento trajo tu amor,
después se lo llevó el aire.

y IX

Un amor no es de verdad
hasta que pasa la doble
prueba de la soledad.

*A Félix Grande, cantando a voz en cuello, de
madrugada, en mitad de la calle Alenza.*

Tesis doctoral futura

Alguien vendrá que, muerto tú, perdido
como en su largo viaje los cometas,
resucite tus versos. (Los poetas
con alma siempre vuelven del olvido).

Será un hombre cansado, un entendido
en perder ilusiones, errar metas,
andar sin prisa y deshacer maletas,
viajero del amor, pájaro herido.

Te prestará la voz sin conocerte.
Pondrá sus ojos donde tú la herida
caudal de tu poesía. Y al meterte

cada vez más en él, será su vida
reencarnación primera de tu muerte,
nuevo regreso, eterna bienvenida.

*Para Joaquín Benito de Lucas, que
creía en la posteridad.*

El taller

¿Cómo podré pagarte
que me hayas hecho ver
la irrealidad de todo,
la vanidad de todo?
J. Corredor-Matheos

De aquí, de este paisaje
explorado de niño, de este idioma
oído desde el útero, de aquellas
voces, murmullos, cantos
o lecturas pasadas, ingredientes
de lo que fue vivir, salen tus versos, me dijiste,
no de tus manantiales de excelencia
que, caso de existir, se agostarían
como los viejos caños, si no llueve.

(Y no llueve, no llueve, está durando
más que la propia vida esta sequía).

Atiende pues, poeta, tu negocio
como los artesanos su taller:
ábrelo cada día, labora, súdalo,
ponle arte y verdad
al delicado material que labras;
nada te va a caer del cielo, salvo
el agua de la lluvia...,
si lloviera.

A José Corredor-Matheos, viejo amigo
y maestro siempre jovial.

LOS DOS NIÑOS

Niño crecido en tanta ausencia
a quien regreso y de quien huyo.
J. VAN HALEN

Como si nada hubiese sucedido
—ni el amor, ni el dolor, ni la locura
de ser quien nunca fui—, vuelvo a la oscura
minería de un tiempo y de un olvido.

Vuelvo a sentir al niño malherido,
su inútil soledad, vuelvo a la anchura
de su desolación: esa criatura
sigue temblando aún, fuera del nido.

Me persiguen sus ojos levantados
hacia un dios que no escucha, noto incluso
su rabia sorda y su llorar discreto.

Y hoy ya somos dos niños derrotados:
el que no tuvo infancia y el que puso
su amargura en la voz de este soneto.

A Juan Van–Halen, que también es de pueblo.

El mal trago

¿Y si fuese al revés, si yo me hubiera
marchado como tú, tú qué dirías
de mí en mi funeral, que me querías
como se quiere a un hijo calavera?

Dirías la verdad, fuera cual fuera.
Porque tú eras así: no conocías
más que la línea recta, preferías
la mudez a no hablar a tu manera.

Y ahora, quién va a hacer esa pregunta
que abra el coloquio o que lo cierre. (Apunta
tu dedo desde el cielo a algún *monago).*

Julianes, Agustín, ¿dónde os metéis?
—*Cerrando la tinaja del mal trago.*
Nadie podrá jamás ser Paco Creis.

*Para Julián Creis y Agustín Gil, con
los demás A7, en su bodega.*

Falso autorretrato con pizarra
[Y un cierto revuelo entre las chicas del fondo]

Mohosa está la lira de Homero en estos tiempos.
L.A. de Cuenca

Un soneto me obliga a hacer la clase
para explicarles cómo es un retrato,
y les tengo esperando hace ya un rato
a ver si lo que diga tiene base.

Profesor no mayor, que está en la fase
de agradar por su aspecto y por su trato,
liberal, con humor, nada beato,
que explica medio bien... —Eh, no se pase,

—chilla Alicia— que dando Teoría
Literaria es un plomo y nadie entiende
lo que suelta en latín, ni esa manía

de practicarlo todo... ¿Así pretende
enseñarnos? —¡Por Dios —salta Sofía—
qué retrato más malo! ¡A ver si aprende!

A Luis Alberto, vestido de profesor.

LA CARACOLA
[Tres cuartetos bajo el agua]

I

Qué difícil es dar con la medida
del discurso sereno, cuando suena
la hora del adiós en una escena
y nadie quiere hablar de despedida.

II

Tu nombre rima —sin que yo lo mande—
con todos los sonidos de la brisa.
Como si el mar dijera: *María Luisa*,
y respondiera el cielo: *Grande, Grande...*

Y III

Y porque vas hacia el silencio sola,
quisiera que mi voz gritase ¡amiga!
hasta que calle el eco y te lo diga
la oscura voz del mar, la caracola.

Para María Luisa Grande, madre protectora
de poetas y otros desvalidos.

Manolo, el vino y el caos

Acto I
[Disparate escénico para representar
entre las mesas de cualquier bar]

Como caído del cielo,
llegó un día hasta Getafe
—arrastrando el alifafe
de su rodilla derecha—
un poeta de majuelo
y garganta insatisfecha,
con hechuras de torero,
voz de tenor y una brecha
en la mitad de la calva
que brilla al rayar el alba
más que un faro con farero.
Dice llamarse Manolo
y apellidarse Romero:
se ha acabado el protocolo.

Ha fundado en el *Británico*
—*Club* de arrabales y pánico—
una singular iglesia
donde predica y convida
a chorizo y a bebida,
a poetas con amnesia
a la hora de pagar.
A Manolo le da igual:
él es hijo de Guareña
—en la campiña extremeña—
donde un euro es un real.

No tiene hechuras de santo,
según propia confesión,
porque en aquel seminario
donde de niño estudió,
entre tanto querubín
casi ni aprendió latín,
mas de vino sabe tanto
y habla con tanta pasión
de la vendimia y la pisa,
o de la fermentación,
que hay quien sólo va a su misa
para escuchar el sermón.

Y no creáis que exagero:
si no le alcanza la ciencia
en algún tema puntero
de interés para la audiencia,
este cura teatral,
lo suple con su experiencia:
¡tómate un vino, chaval!
y descorcha otra botella.

Sabe de pulpa y de casca,
de mosto, zupia y arrope,
y es que le gusta el aloque
aunque se lo den de frasca.
Desayuna con *airén,*
luego almuerza con *garnacha;*
al merendar bebe *viura,*
después se queja este cura,

que es la dulce *moscatel*
la uva que lo emborracha.
Así que para el vinillo
del cáliz de consagrar
siempre gasta *tempranillo*,
nunca *merlot* ni *syrah*.
Sólo si es misa cantada
lo llena de *cabernet,*
que es caldo que va muy bien
para una voz delicada.

«El vino es una bebida
—explica a medio sermón—
que exige tiento y medida
para su elaboración:
no un cuarto de *cencibel*,
otros dos de *monastrell*
y el último de *pinot;*
que no se deben mezclar
las uvas sin estudiar.
De ahí la que se agarró
—añade a modo de ejemplo,
carcajeándose al tiempo—
el pardillo de Noé,
que a un *malvasía* le echó
un chorro de *chardonnay.*
Y eso que no rellenó
la bota de *sauvignon*,
que si lo llega a mezclar
ni el arcángel Rafael

le libra de una *tajá*
del tamaño del Edén,
o sea, monumental».
(¡Lo que es la incultura, Dios!
Para todo hay que saber:
incluso para beber).

«Así que estáis advertidos,
amados hermanos míos,
—suele bromear Romero
mientras escancia otra ronda—
os lo dice quien lo sabe,
y que nadie me responda:
con tanino o sin tanino,
el vino no es un jarabe
ni siendo de *palomino*.
¡Tres amagos llevo, tres,
por exceso de *jerez*!».

«No quiero daros la lata,
pero os tengo que insistir:
el vino, en exceso, mata;
o, al menos, da mal dormir.
Ahora bien, está tan bueno,
que con queso o con jamón,
en bota, en vaso, en porrón,
blanco, tinto, cava o fino,
el vino será un veneno,
¡pero un veneno divino!».

Acto II
[Paráfrasis de su poética en la antología *Los Poetas de la Venida*]

Jilguero, gregoriano, esparto, caña
bien tirada, Confucio, Margarita
Hierro, el Buscón, anea, Buda, pita,
gazpacho, El Bosco, y una buena entraña

a la brasa, Nayagua, ciervo, raña
de Cabañeros, ajos, leche frita,
Guadalquivir, aceite y la maldita
muerte de quien amaba. Santo y saña.

Escribir sobre pájaros, Guareña,
tomillo, loro, tantra, siesta, nietos,
jazmín, Pepe Viyuela, cualquier nave

naufragando, silencio... Ese que sueña
con escapar al fin de sus sonetos
y no poder... Quien lo probó lo sabe.

Para Manolo Romero, compadre en las altas noches de Nayagua, en el Club Británico de Getafe, y en cualquier lugar del mundo donde la risa, el vino y la ternura no estén prohibidos.

95

La piedra del molino

Mas hoy ni el agua va por donde iba.
F. Mena Cantero

Es así: nada queda, todo muda;
la abundancia de ayer hoy es harina
de otro costal, barril de otra sentina,
vino que ni me mata ni me ayuda.

La piedra del molino gira viuda:
ni canta el agua ni la brisa inclina
la mies hacia su tolva; en la cocina
de mi historia la mesa está desnuda.

Hay más migas que pan en su tablero
y es fácil que mañana no haya nada.
Poco importa: viví, fui prisionero

de tu amor y te amé. Cada pasada
de la muela me vuelve más ligero:
pronto seré otra vez cal apagada.

A Francisco Mena Cantero, amigo medio
manchego, medio andaluz, con el que compartí
los inicios fundacionales del Grupo Guadiana.

BRINDIS SURREALISTA SOBRE LAS CENIZAS DE NAYAGUA
[Un 13 de julio de 2008, al atardecer]

Para saldar con Pepe,
manos inquietas, Hierro,
una cuenta pendiente de Rodríguez
y otros beodos, Claudio,
pagaré en efectivo
cada verso que beba, cada copa
vacía de verdejo, o la cerveza
de Eladio —con dioptrías— Cabañero,
y cambiaré por gambas cada libro
que me traiga del Rastro —o de la Cuesta
de Moyano— Sahagún,
que cuando compra
no lleva nunca a Carlos.
                              Rafael,
tú también eres plasma
de mi sangre, y Marisa, y aún os veo
riendo en mi jardín, mientras Benito,
quiero decir Joaquín, de Lucas, bebe
sin saber de quién es, Bousoño, el whisky
de Carlos, y Jesús
Hilario aclara
su garganta con todos, Tundidor,
los riberas sobrantes y Ángel pide
fuego, García López, y coñac
para bajar la cena.
                      Y dice Antonio
con esa voz que lija, Hernández, cada

palabra: *Que os calléis,*
que Paca quiere hablar. Y Aguirre, a voces
—pues sólo fue Francisca en los papeles—,
pronuncia un brindis que hasta Félix alza,
Grande, su copa. Y, sin decir palabra,
se sube en una mesa, en una nube,
porque intenta brindar aún con Luis
Rosales y con Pepe, los ausentes.

Y ya cuando nos íbamos
llegó en su coche Paco
para llevarnos, Creis, a su bodega
repleta, en Valdepeñas, de Morales
Rafael y Gerardo,
y otros muchos retratos y recuerdos
de amistades y versos
que tendrán que beberse los que vengan
después: Francisco Brines, por ejemplo,
y algunos que están vivos
y no debo nombrar porque no quiero
que —siguiendo a Marquina,
o del brazo de Maxi,
de las cámaras, Rey— se vayan esta noche
que está ardiendo Nayagua
con los muertos.

A Paca Aguirre, santa laica exenta de rencor.

ÁRBOL DE TRINCHERA

Cuando llegue la nueva primavera,
seré tan sólo pájaro que canta.
F. CREIS

Venciste en cinco frentes la primera
e inexplicable muerte, y esa fama
atrajo al leñador: cortó otra rama
y esperó que el dolor te enloqueciera.

Y el árbol oyó el canto de la hoguera,
tembló ante el sueño de volverse llama,
escultura que asciende hacia quien ama
mientras cubre la noche su trinchera.

Pero vino un gorrión, y luego otro,
y otro más, y otro más, y aun mutilado,
el árbol verdeció por lo cortado.

Y aquí, desde la altura de este empotro,
que es tu sexta victoria, Paco, digo
que tengo el mejor árbol por amigo.

A Paco Creis, viudo fiel, mecenas del arte, poeta
de vía estrecha, *como él mismo se llamaba, tras la*
desoladora muerte del mayor de sus cinco hijos.

Vencedor de la muerte

No todo ha de pasar esa frontera
que separa el olvido de la historia,
esa línea invisible, divisoria
entre el genio y la moda pasajera.

No hay poema perfecto, aunque uno quiera.
Pero si queda un verso en la memoria
colectiva de un pueblo: eso es la gloria.
Basta un verso, uno solo, uno cualquiera.

Por eso tú, que tantos has dejado,
a pesar de tu frágil apariencia,
estarás muerto, nunca derrotado;

dormido tú, en vela tu conciencia,
muda tu voz, pero jamás callado:
vencedor de la muerte y de la ausencia.

*A Rafael Montesinos en su tertulia,
donde leí tantas veces.*

Pura gratitud

Hoy ha muerto Ramón:
el mundo
tiene poco interés,
ha entrado en pérdidas,
como las almonedas que se limpian
después de un mal traspaso.

No he conocido otro hombre como él. Ningún lector.

Era la mansedumbre de la nieve,
la alegría del sol, la honestidad del agua
de montaña, el temblor
de los labios de un niño al descubrir el mar.

Le oía embelesado, le admiraba.
Seguía sus palabras como un perro
sigue los pasos de quien lo ha educado.
Hablábamos del mundo, de la gente, de la tierra girando
en mitad del vacío de dios y de los astros.

Hablábamos también de poesía.

Sé que él siempre me quiso.

Hoy ha muerto Ramón.
Una parte de mí muere con él.

A Ramón Calpalsoro, tío Ramón.

ADDENDA

Las cinco fotografías que ilustran las páginas interiores no esconden ningún significado especial: tal vez sean solo una concesión a la cultura de la imagen en la que nos desenvolvemos. Su impresión como marca de agua indica claramente que no tienen finalidad documental. Seleccionadas por el editor, en ellas aparecen, repetidos o no, algunos de aquellos amigos inolvidables con los que conviví. En la primera, junto a mí y la periodista Isabel Montejano, brindando, los poetas Eladio Cabañero, Carlos Sahagún, José Hierro y las esposas de los dos últimos: Marisa y Lines. En la siguiente estoy con Claudio Rodríguez, además de Carlos Sahagún y de Pepe Hierro. Luis Rosales, María Fouz y yo posamos para el fotógrafo Luis de Gracia en Vallehermoso 26, donde vivían. Otra vez aparezco junto a Carlos Sahagún, ahora acompañado de Rafael Montesinos, siempre de traje, y Jacinto López Gorgé. En la última, Lines y yo miramos cómo Pepe Hierro pinta en su servilleta una escena marinera con vino tinto, café, hojas de hiedra, cenizas de tabaco y unas gotas de cava, para aclarar los colores.

Índice